Círculo Rojo

Cuando habla el alma

Cuando habla el alma

Cucúa

Círculo Rojo
EDITORIAL

Primera edición: abril 2023

Depósito legal: AL 185-2023

ISBN: 978-84-1159-747-0

Impresión y encuadernación: Editorial Círculo Rojo

© Del texto: Cucúa
© Maquetación y diseño: Equipo de Editorial Círculo Rojo
© Prólogo: Óscar Fábrega

Editorial Círculo Rojo
www.editorialcirculorojo.com
info@editorialcirculorojo.com

Impreso en España — Printed in Spain

El papel utilizado para imprimir este libro es 100% libre de cloro y por tanto, **ecológico**.

PRÓLOGO PARA
CUANDO HABLA EL ALMA,
DE CUCÚA

No hace mucho, en un evento literario organizado por un grupo filosófico, durante una mesa redonda en la que tuve el honor de participar, expuse algo que generó cierta controversia tanto entre mis contertulios como entre los allí presentes: partiendo de que una cosa es la filosofía desde un punto de vista académico y formal, encorsetada por sus propios límites, y otra bien distinta es el pensamiento reflexivo, íntimo, personal y libre como el viento, expuse que los poetas, sin duda alguna —para mí, claro está— eran el sumun de esta segunda vertiente. Y lo argumenté: ellas y ellos, los poetas, tienen el don, congénito o adquirido, quién sabe, de indagar como nadie en lo que nos hace realmente humanos, en lo que realmente somos; son capaces de adentrarse con su mirada poética en nuestras emociones, en nuestros sentimientos, en nuestros duelos y quebrantos, en nuestras dichas y tristezas, en nuestros encantos y desencantos. Y además, son capaces de transmitir todo lo que encuentran buceando por los mundos interiores de una forma bellísima.

Cuál fue mi sorpresa cuando, poco tiempo después, llegó a mis manos esta extraordinaria recopilación de versos y poemas de Cucúa, *Cuando habla el alma…*

Como es lógico, y como comprenderá, estimado lector, no puedo desvelar nada de lo que va a leer a continuación. Faltaría más. Pero sí que me gustaría comentar muy brevemente algunas ideas y reflexiones que me ha provocado la lectura de este bellísimo poemario.

Su propio título ya dice mucho. *Cuando habla el alma.* Claro que aquí el alma que habla, y que se abre de par en par ante nosotros, sus lectores, es el alma de Cucúa, que, en un acto de generosidad tremendo, nos expone un buen número de ideas y emociones emanadas de su propio mundo interior de poeta.

Nos habla del amor, como no podía ser menos, aunque no solo del amor romántico; pero también nos habla de otros sentimientos, como la tristeza, la nostalgia o la nausea existencial. Nos habla de las alegrías también, y de los siempre necesarios momentos de ocio y fiesta, pero también del llanto, de las dudas, de los miedos, de los momentos en que no encontramos sentido a esto de vivir. Nos habla de las heridas, pero también de las curas. Nos habla del tiempo perdido, pero también del tiempo que nos queda.

Pero su poesía se vuelve social y crítica en ocasiones, y se atreve a exponer unas pocas pero afiladas reflexiones sobre algunos de los males de que azotan a la sociedad y a los individuos, desde las distintas problemáticas relacionadas con la mujer a la importancia de recobrar el contacto con el mundo real, el mundo sin ladrillos ni cemento de lo natural.

En resumidas cuentas, Cucúa, como decía, nos enseña su alma y, en un altruista acto de empatía, nos enseña a encontrar y mostrar la nuestra. Esa es la clave, si lo he entendido bien: conocer el sentir propio mediante el sentir ajeno, lo que verdaderamente somos. Aprender que todos tenemos las mismas preguntas, y que quizás tengamos las mismas respuestas. Comprender que la vida es un drama, y que encima es corta, pero es lo único que tenemos.

Les dejo con ella. No se arrepentirán.

Buen viaje
Óscar Fábrega

Con amor para mi familia
por ser faro cuando solo hay oscuridad

Como el vino

La resaca suena en mi cabeza.
Esa copa de vino retumbaba recuerdos tan fríos como ella.
Como cuando bebía esos sorbos
en los que caían copos de nieve
con sabor afrutado,
tan suave como sus labios
y tan aromático como su propia esencia.
Y es que me haces pensar que eres como el propio vino.
Mejoras con los años
y, sobre todo, con los (d)años.

Amor

Eres como un beso.
Suenas de repente
y, sin darte cuenta, en una milésima de segundo
reparaste todo
porque uniste
el amor en un sonido.

Las mejores vistas

Te miro y pienso…
en cuántas personas te han perdido.
Por no conocerte,
por no molestarse
en mirarte
ni asomarse al balcón de tu mirada.
Un balcón donde no existen
el vértigo ni el miedo a las alturas.
Un balcón donde uno nunca se imaginaría
que tendría las mejores vistas
a la ciudad
y las mejores vistas a la vida.

Mi ecuador

Siento como si el mundo
no girara alrededor,
que soy yo la que se levanta
y se pone a caminar
en su línea de ecuador
y que las estrellas
iluminan ese camino que recorro.
Si no fuera por ellas,
qué perdida estaría.

Purpurina

Llegan carnavales.
La época que todo el mundo
espera con ansias.

Será porque pueden
disfrazar el dolor
bajo caretas
de purpurina
y mucho maquillaje,
sin que nadie
se sienta extraño por ello.

Puertas

La gente niega.
Lo hacemos tan bien…
Acabamos creyendo nuestra propia realidad.
La maquillamos
para vernos guapos,
pero llega la noche
y nos tenemos que limpiar la cara.
Sufrimos por no ver lo mismo.
La negación es viento,
viento que cierra puertas.
Te cierra algunas
con más fuerza que otras.
En algunas entras a tiempo,
otras te pillan y te hacen daño
en el dedo chiquito del pie.
Duele un rato,
pero volvemos a tropezar
porque sabemos
que al final
se nos va a pasar.

Sueños

Cuántas noches de insomnio te guardo,
igual que los miles de recuerdos
que guardo en mi memoria.

Abro el cajón
y allí lo pongo,
junto a mis ganas de volverte a ver
por si acaso algún día
nos haga falta usarlo.

Náufrago

Si me fuera a una isla desierta,
me llevaría mi corazón.
Allí le daría clases
para que aprenda a amar.

Para que aprenda que el dolor es temporal
y que las heridas cicatrizan…

Pero sobre todo le enseñaría
que todo corazón merece ser sanado.

Si me fuera a una isla desierta,
es lo que me llevaría.

Ni una más

De camino a casa
quiero ser libre,
no valiente.

No quiero tener
que mirar alrededor.
Ni siquiera hacia atrás,
solo adelante.

No quiero disimular
una llamada de móvil
para sentirme protegida.

No quiero fingir
que me hablan
por WhatsApp.

No quiero tener
las llaves en la mano
pensando en llegar
para entrar
rápido a casa.

Quiero llegar,
pero quiero
llegar libre.
Y quiero salir,
pero quiero
salir libre.

Otro trago

Siempre bebemos
más cerveza
de la que podemos tragar.

Y no hay manera.
Parece que nunca
se va a terminar de llenar
nuestro dolor.

Pero lo llenamos.
A inconsciencia.

Llega el momento
en que no podemos
con una gota más.

No podemos con esa gota
y, aun así,
las ganas de bebernos
el barril entero
no nos las quita nadie.

La cerveza es libertad,
que rebosa en tu dolor,
queriendo salir de él.

Y tus ganas de beberla
te están obligando
a darle pequeños sorbos.

Que van cayendo.

Y tú,
al final,
disfrutas de esos
pequeños sorbos.
Pudiendo disfrutar
el vaso entero.

Decimales

Abrí tu cuaderno
de Matemáticas.

Ahí se veían los problemas
que teníamos que resolver
para volvernos a ver.

La cosa se nos multiplicó
cuando las sumas
solo daban restas
y las divisiones
eran de separaciones.

Entonces,
cogí el lápiz
y entre borrones
empecé a resolver
las ecuaciones.

El corazón sumaba más
que el cerebro,
nunca lo sobrepasaba.
Era tan inteligente
que sabía quién tomaba
las decisiones importantes.

Y entre tanto apunte,

se me olvidó la cifra
más importante,
que era la de quererte.

Aunque nuestras
divisiones siempre
nos dieran decimales.

No más cemento

Lo sabemos,
que quien construye un hotel
destruye un paraíso.

Que no queremos
bloques de cemento,
que van disfrazados
de lamento.

Que nos gusta más
hablar de los elementos:

porque el aire
nos roza la cara,
porque el fuego
nos quema,
porque el agua la sentimos
y la tierra
es donde vivimos,
no donde construimos.

En braille

Te voy a leer a ti
y a tu cuerpo en braille.

Que se acostumbre a mis manos,
a mis besos,
para leerte
antes de acostarme.

Porque eres el mejor remedio,
porque sin ti
no hay punto y medio
para pasar página,
para empezar un nuevo capítulo
y no juzgar este libro loco
por su portada.

Mil páginas,
en las que cada línea
resume la vida con y sin ti,
y la verdad, que de las dos formas
sería mi loca perdición,
por tenerte o perderte.

Que el prólogo nunca acabe
y que tus agradecimientos
sean más largos
que el mismo libro.

Yo, como autora de ti,
firmaría ejemplares
en todos tus lugares,
pero el mejor ejemplar
sería sin duda
tu saber estar.

Invierno

En blanco y negro
se ve todo más melancólico,
y en color, todo tan apoteósico.

Caminaba sobre un manto blanco
y la nieve se ponía celosa
al ver que ella también era fría.

Sin embargo,
a ella le gustaba el calor:
el calor de sus pasos,
el calor de tu voz
y el calor de tus abrazos.

Porque entre líneas nos entendemos
y, si no queremos,
¿qué haremos?
Escribir una triste canción,
con acordes en menor,
para ver si así suena mejor.

Y lo hizo,
sonó en un tono menor,
esa era la solución
porque sus gafas daban pistas
de quién veía mejor
en eso de jugar al amor.

Jugaba a ver quién ganaba más
y solo espero que seas capaz
de adivinar quién ganó.

Aunque lo sepas,
el corazón podrá pasar
todo el frío que quiera
mientras esté arropado
con mucho amor.

¿Qué mueve mis ganas de vivir?

Los médicos dirán la sangre,
los abogados las leyes,
los jueces la culpabilidad,
los filósofos filosofar,
el psicólogo el hablar,
Dios el rezar,
el taxista llevar
y el banquero su dinero.

El Estado su recaudar,
el marinero navegar
y el piloto pilotar,
y el preso su libertad.

Mientras yo pienso en los demás,
mis ganas de vivir
están en mí
y en nadie más.

Una eternidad

Cada uno crece a su ritmo,
y está muy bien.

Porque llevo un jardín en mi alma
que en ocasiones se marchita
y en otras florece tan deprisa
que no sé si es la primavera,
que me florece,
o quizás es el otoño,
que me arrasa.

[Solo
sé

que

ese
tiempo

dura
una

e-ter-ni-dad].
(Solo han pasado cinco segundos
desde que me dijiste adiós
en realidad).

Y, sin embargo,
vuelvo otra vez a empezar,
a echarte de menos a cada paso que doy.

A cada latido
me contradigo
y recuerdo que es una broma del corazón, o del destino,
que quiere jugar a engañar,
y mi cabeza le responde que no,
que esta vez no va a ganar,
que por un día
tampoco pasa nada,
que me doy la libertad de pasarlo mal
aun queriendo disimular
que el sentimiento no es real.

Respiro,
y después me pongo a pensar
en qué más da,
será contar hasta tres
simplemente
y volver de nuevo
a comenzar.

Sonriendo a la gravedad adecuada

Quédate con quien no te pida que te quedes,
que lo haga sin querer
y no tenga que disimular que tiene que estar,
que lo hace porque le sale de verdad.

Que va a tu lado siempre
en mil batallas perdidas
aunque solo ganen una.

Que no importan las heridas
si te las cura
y no importan los errores
porque te salva de todos ellos.

Que sea una para ver
y otra para aprender,
otra para querer y otra para saber
que no me hacen falta
leyes para calcular cómo quererte.

Ya lo hago yo a la gravedad adecuada
con sus fórmulas y sus cosas destinadas.

Mar

Ves las olas,
ves el mar,
ves la corriente,
te ves a ti tan inocente.

Porque la vida es tan maravillosa
que siempre será capaz de seguir adelante
pese a los cambios constantes,
porque, quieras o no,
las olas seguirán rompiendo en su orilla,
el viento seguirá recorriendo el cabello de la gente que es capaz
de correr tras sus anhelos,
el sol seguirá calentando el corazón de los que saben amar,
la brisa seguirá refrescando a quien no lo para de intentar.

Porque hay sonrisas que son calor,
abrazos que son paredes
que resguardan del frío,
miradas que son pasillos
que acaban por llegar al corazón.

Hay personas que son hogar.
Y también, en ocasiones,
son mar.

Me quiero libre

Me quiero libre.
Por quien me dijo que no lo era,
me quiero libre.
Por quien dijo que, si yo quería,
que lo fuera.

Me quiero libre
por quien me dio un empujón,
quien me hizo dar el paso
a un nuevo camino,

donde el dolor
se transforma en una sonrisa
que da risa
a pesar de la traición.

Me quiero libre
por mí,
por ti,
que me das alas
cuando otros quisieran cortarlas.

Me quiero libre
por cada una de las locuras
que invaden mi mente,

por cada una de las cosas
que sueño sin verme,
y, sin embargo, sí veo
lo que quiero y venero.

Me quiero libre
porque, a pesar de todo,
el camino fue difícil
y porque después de tanto
es imposible
no quererme así.

libre.

Inocencia

Soy como ese niño
que agacha la cabeza en clase
cuando la profesora hace una pregunta al aire
y piensa que el azar solo lleva su nombre.

Me siento como ese niño asustado al que le da temor aprender;
a mí, tan ilusa,
en lugar de agachar la cabeza,
me da por agachar el corazón,
porque a mí
lo que me da miedo
al final es no entender tu razón.

Ya sabes
que, aunque el amor sea una batalla,
aquí no gana quien mata primero,
sino quien es capaz de quitarse el escudo
en medio de la revolución
y enfrentarse a sus miedos.

Y que después de toda esa guerra
se firme una tregua con la incertidumbre
y olvidar todo lo que puedas pensar,
hablar de lo que hace mal
para así poder olvidar,

escribir un prólogo
que diga algo
que todos sabemos de verdad,

como que los comienzos dan miedo,
pero que al final

más triste es no comenzar por el miedo
de lo que pueda pasar.

Tiempo

Te esperé,
quité todos los relojes de mi casa
para que el tiempo se parara,
y tú no volvías,
miraba el reloj
y las agujas se detenían.

Te esperé,
cerré los ojos
y empecé a imaginar cómo sería
eso de volver
a tenerte a mi lado.

Pero tú no volvías.

Te esperé,
te juro
que te esperé,
pasaban las horas
y no te volvía a ver.

Yo ya no sabía qué hacer
porque el desespero me comía la piel,

esa que acariciabas hasta el anochecer,

cuando jugabas con mi pelo
haciendo cosquillas
y prometías
que todo saldría bien,

pero es que hasta los relojes rotos
dan dos veces la hora al día,
y tú no ibas a ser menos...
Que, aunque tuvieras el corazón roto,
eras capaz de darles sentido a las horas,

de que los minutos valieran
lo que las horas eran capaces de brindar.

Y así, en ese espacio-tiempo,
poder recuperar los segundos perdidos...
Aunque yo valoraba
más las milésimas,

esas de mirarte

como un arte.

Kamikaze

Por una milésima de segundo
chocamos los corazones.
Qué accidente tan grande se produjo en mi interior,

a ver quién lo repara.

Deseo

Las estrellas fugaces serían capaces de pararse en medio del firmamento a pedirte como deseo.

Kilómetros

Hay gente que es capaz de recorrer kilómetros para tener a
alguien a centímetros.
[Y cada kilómetro que hago es uno menos para estar a tu lado]
a pesar del miedo,
a pesar de los accidentes mortales
por los que mi corazón ha pasado.

Y eso que mi corazón
no sabe medir y nunca entendió
los límites que le ponía la razón.

Aparte de medir,
tampoco supo frenar;
por eso también sobrepasaba los límites de velocidad.

Ese día entendió
que a 120 km/h
solo era capaz de sentir
y no de pensar;

por eso no diferenciaba
entre lo que estaba bien
y lo que estaba mal.

Hay kilómetros enumerados,
kilómetros contados,
como el kilómetro 46,
que llegaba a tu lado.

Hay kilómetros que dan vértigo
porque te hacen subir a alturas
que no eres capaz de soportar,
como un avión que despega,
y, por mucho que quieras,
ya no hay vuelta atrás.

Perdida

Me siento paralizada
cada vez que un sentimiento de esos extraños
que no llevan nombre
domina en mí.

No es tristeza porque soy feliz,
no es miedo porque ya lo he enfrentado,
no es amor porque me he enamorado.

Es como el vacío que no se entiende.
Cogería ese sentimiento
y le pondría un nombre inventado,
porque todos lo hemos pasado,
cuando tu ego
supera tu yo
y no eres capaz de verte otra vez.
Cuando no te conoces
y sueñas con volver a ser tú mismo,
y parece que te encuentras
en el limbo de los pensamientos,
ese lugar donde divagan los pensamientos
que aún no se han pensado,
pero que los vives día tras día,
y buscas
y rebuscas en ti,

como quien cree que perdió las llaves,
y tras tanto recordar
se mira a sí mismo
y las tiene en la mano.
Y después de todo
sigues despistado,
sin lo esencial en ti,
esperando a que vuelva
cada cosa a su sitio,
y a lo que es indiferente
ponerle fin.

N

Hablemos de poesía,
de tu boca y la mía,
de nuestros juegos
e intenciones.

De tus sensaciones,
de tus buenas acciones,
que hacen que enamores.

De tus principios y tus finales,
tu forma elegante de enfadarte
y volver a hablarme como antes.

De lo que te dije
y lo que me queda por decirte,
por lo que escucho de tu corazón
y que hace temblar mi razón.

Por esas palabras
que tranquilizan mi vida
y a la vez retumban
como terremoto
en la cuerda floja de mi alma.

Negro o blanco,
tú y yo,
vinimos a ser grises,
sin tener miedo
de lo que está por venir.

Descubrir junto a ti
y que me reveles
y desveles el secreto
de lo que te hace sonreír.

Tempestades

Dicen que es malo
esto de mirarse por dentro,
te miras y ves
que a veces estás en el aire
y te da un poco de vértigo
o de repente puede que llores mares
y, sin darte cuenta,
los sentimientos empiezan a ahogarse
en olas que ya navegaste
y no hay salvavidas que valga;
aunque seas experto,
el mar no está en calma.
Y te agobia hasta la mínima gota de agua que se pueda formar,
el aire no guía
porque las ráfagas
se vuelven tempestades
y, aunque quieras,
no vuelas como antes.
Después de la tormenta
llega la calma, dicen;
que te despejas de todo
y que el buen tiempo nace en ti
para que de nuevo sepas vivir;
que, aunque por dentro llueva,

tu sol será el reír
y poco a poco,
cuando te des cuenta,
podrás volar al fin.

¿Me querrías menos?

¿Me querrías menos
si supieras las veces que me he engañado por esconder la verdad,
las veces que he mentido
por no admitirla de verdad?

¿Me querrías menos
si conocieras el dolor que llevo ocultado,
de esos que no tienen flores de decorado,
de los que se ocultan bajo llave
en algún lugar olvidado
vacío por costumbre
y en piedras que arrastran encadenado?

¿Me querrías menos
si vieras las veces que he robado
más de un alma a la persona
que me ha amado
por haber hecho daño
cuando me dejaban un corazón
a mi cuidado
y no supe valorar lo que me habían dado?

¿Me querrías menos
si supieras que hasta respirar me dolía,
incluso a veces ni podía

de los remordimientos que tenía,
de esos que dolían
desde las doce de la noche
hasta las doce del mediodía?

¿Me querrías menos
si supieras cada error cometido?

¿Si supieras a todas las personas que fallé
cuando ellos me dieron amor
y yo di el mayor dolor,
ese llamado *indiferencia*,
por tener cosas en mi cabeza
que no estaban a mi favor?

¿Me querrías menos
por todo lo malo
que causé?
¿Juzgarías cada batalla que pasé
por todo lo fatal
que te llegarías a imaginar?
¿O pensarías que soy persona
después de todo al final?

Amor a escondidas

Recuerdo que éramos dos.
Entre beso y beso nos entendíamos,
en un mismo lugar, en un mismo espacio.

Las horas pasaban contadas con los dedos de las manos,
de nuestras manos.

Éramos tú y yo aquella noche,
en la que mi mente pensaba:
«Para de morderte el labio,
porque esto va a acabar por hacernos daño».

Y te pedí perdón ese día,
era un amor a escondidas
en el que destapamos
nuestros sentimientos.

Y es que mi corazón no tiene cabeza,
le da pereza eso de pensar,
solo le gusta amar

y no me cabe en el pecho
tanto amor.

Me da dolor,
me duelen esos juegos
en los que no gana nadie.

Pasaron meses
y yo no podía olvidar esos días
en los que uníamos el amor en un beso,

y es que el peso de mi corazón
se transformaba en ganas de querer.

Querer abrazar(te),
querer besar(te)
y todo lo que fuera…

amar(te).

Un triste adiós

Antes de que se me vaya la inspiración,
pensaba que sin ti no sería yo;
el vacío es el mismo,
siempre quedará.
Antes que nada,
quería decirte que perdón por el desastre:
mi mente, tan desorganizada,
similar a una leonera,
en la que mis sentimientos peleaban con garras.
Después de eliminar tus fotos,
tus mensajes y tu ser de mí,
pensé en escribirte esto
para agradecerte los tragos de cerveza,
las risas,
el apoyarme en tu hombro mirando a las estrellas,
los besos a escondidas
entre idas y venidas,
las conversaciones aguantando mis problemas,
horas hablando por teléfono,
por invitarme al café por las mañanas
y por mil cosas
que solo he de extrañar.
Siento que, si vuelves,
te daría el abrazo más grande del mundo

y tendría el corazón más que abierto para aprender

a cuidar cada esquina de tu ser;
mientras tanto, esperaré
por si vuelves a tocar la puerta otra vez.

Protagonista de mi vida

Te miraba de reojo,
era imposible no mirarte de otra manera.

Tu voz, tu pelo, tu forma de ser,
y es que yo era capaz de caer
en mil barrancos
con tal de ver tus ojos al amanecer de aquella noche
en la que la luna y el sol se fundieron en un abrazo,
capaz de eclipsar nuestro amor eclipsado.

Ya sabes de lo que hablo,
de tu corazón y el mío,
amor mío.

De aquella noche
en la que jugabas a ser
protagonista de mi vida.

Y yo, que era una chica ridícula
que esperaba al alba
con tal de imaginar tus labios sobre los míos,
y es que la oscuridad fue testigo
de aquellos besos escondidos,

ahora muero por repetir lo que ya ha pasado
porque siento que sin ti
mi mundo se siente
como un poco ahogado.

Entre corrientes de mar
que se mezclan
con amor y ternura,
y con todos mis atardeceres
agarrados de la mano,
te seguiría dando mi corazón
a pesar de que lo han destrozado
en un millón de pedazos.

Carta de despedida

El orgullo ha ganado más batallas que el corazón en esto del
amor.
Qué triste, ¿verdad?
Aunque corazón nunca hizo nada malo
para que orgullo lo abandonara,
lo dejó por eso de no estar metiéndose
en camisas de once varas,
porque, aunque no lo creáis,
también hay historias
que tienen finales poco felices.
Como todo lo que dices
algún día se lo llevará el viento,
también lo harán los sentimientos
y, sin embargo,
quedarán las cicatrices.

Por eso, aunque idealices,
todos somos humanos:
reímos, lloramos…
Y somos de esos tontos
que piensan que hay sonrisas tan fuertes
que son capaces de derribar muros,
de esos idiotas
que por naturaleza
aman cualquiera de sus rarezas
aunque seamos de los que tropiezan.

Y lo sabes,
que el amor
a veces es así,
efímero,
que solo busca el calor ante su frío
y, aunque pienses que es duradero,
es pasajero.

Porque de la noche a la mañana
los mayores conocidos
se vuelven extraños.

Como si no contaran los años
y los sueños no hubieran sumado
lo que valen por su pasado.

Recuerdo aquel adiós
que tanto costó despedir
donde el corazón lloraba
y, por pedir, pedía
que no quería más daño sin razón.
Y fue tiempo quien le dijo que contara con él para volver a
comenzar;
que, aunque todo fuera mal,
las cosas iban a cambiar.

Y de verdad cambiaron,
aunque a veces dudo
sin quererlo,

porque puede que te vea
por la calle de nuevo
un día cualquiera

después de tanto tiempo
y sienta
que se me estrella el corazón,
como si le hubieran disparado mil balazos
y quede destrozado
cada vez que recuerde
cada uno de tus abrazos.

No sabría qué hacer,
pero seguro disimularía
que no ha pasado nada,
como si de un simple tropiezo se tratara,
y me levantaría ante ese desorden
evitando que se me clavara tu mirada,
porque, si eso pasara,
aunque la batalla
deje heridos,

yo la daría por ganada.

Canciones

Hay canciones que forman parte
de la banda sonora de nuestra vida
y personas que en sí son canción,
que son capaces de llegar a cualquier rincón del alma
solo con escuchar los primeros acordes de sus palabras.
Sientes que no necesitas nada más,
letras que son perfectas,
que llegan
y caben en cualquier esquina del corazón,
como si fueran una pieza de un puzle
de esas que encajan en los lugares a los que nadie llegaría.
Hablo de esas personas que hacen de un viaje en coche
el mejor concierto de tu vida,
donde el mejor público son esos ojos
que se vuelven pequeños y rasgados
por cada sonrisa que le regala al artista, que somos nosotros.
Hablo de esas personas
que hacen de tus lugares más secretos
el mejor paisaje solo por estar a su lado,
y te das cuenta
de que, estés donde estés,
siempre sonará esa canción de fondo
porque esas personas las llevas en ti,
con su música,
a todas partes.

Dolor

Paso el día entre broma y broma,
pero la verdad se asoma
cuando llega la noche
y siento un dolor en el pecho
cuando te recuerdo,
mi respiración se vuelve diferente,
cambio yo y cambia el viento.
Olvido respirar,
olvido lo que es vivir
por un momento,
porque me da vértigo,
y es que yo
nunca he sido de alturas
porque tengo dudas
y volver a pensar en tu risa
es una bala invisible en el pecho
como quien jura que todo va bien
cuando no lo es,
y es una locura,
se sabe que el corazón
en realidad
está lleno de fisuras.
Pienso que ya está,
que es suficiente,
e intento espirar el dolor

para olvidarme una vez más
del ardor que da curar las heridas
con sal, tequila y limón.
Me levanto,
me sacudo el polvo
y me pongo a pensar
en que todo esto está mal
y que no necesito nada más
que el amor que siento en mí
y no comprar más con monedas de cristal
ese amor que tú me intentas dar
disimulando que tiene un precio
que, al fin y al cabo, no es real.

Futuro

Sueño con tus caderas
porque las conocí en persona
aquella vez primera,
cuando no importaba
nada más que dos almas
soñando con la madrugada.

Era como un guiño de la vida
bailando a un ritmo de vals
que sonaba al compás
de una canción
como nunca jamás sonó.

Te proclamabas diosa
encima de un trono
que era tuyo
desde el primer día que te vi
y supe que entre beso y beso
quizás tú eras para mí
porque tu pelo rubio
se enredaba en mi alma
y tu sonrisa reclamaba
una caricia, un abrazo;

que mientras mi corazón
iba descalzo
en un suelo lleno de fuego,
se erizó como si fuera hielo.

Y ya no siente ni padece
en todos estos años
en los que no supe amar
porque andaba destrozado,

y tú besaste cada paso
haciéndote cómplice de mi dolor
y arreglando los millones de pedazos
que se rompían
cuando no supieron cuidar mi amor.

Y hoy apareces tú
y les das sentido a las despedidas
que tuve con el pasado
porque, si tengo algún futuro,
lo quiero

a tu lado.

Buenos días, mi amor

Cuando te conocí,
recordé todas esas canciones de amor.
Esas canciones que nunca entendía,
pero que tú hiciste que tuvieran sentido.

En cada nota cantaba
con el corazón abierto
preparado para cualquier guerra.

Porque tu amor fue así,
una batalla, una explosión.
Algo tan de repente,
algo que nadie esperaba,
ni siquiera yo.

Porque tus besos siempre eran robados,
para nada regalados,
me los tenía que ganar
igual que me ganaba
el pan y el agua cada día.

Me ganaba tus caricias
porque no se las dabas a cualquiera
y en un momento dado

mi corazón, afortunado,
le dio un soplo de aventuras
que formaban tus manos y las mías.

Y por eso
no quiero que me hablen,
que no me hablen de besos
si no han visto tu boca;
que no me hablen de vida
si no te han visto, mi vida;
que no me hablen de sueños
si no te han visto dormida.

Porque cada noche sueño
con esos ojitos cerrados
y, cuando llegue la mañana,
los abras y me digas:

«Buenos días, mi amor.
Perdón por tardar».

Amor propio

No pienses
que no has avanzado,
que no ves cambios en ti,
que todavía no eres
la persona que te gustaría ser.
Lo eres,
pero no lo sabes,
porque las cosas grandes
crecen siempre en silencio.
Crecen escondidas,
detrás de la ignorancia.
En el momento perfecto
la sabiduría saldrá y dirá «¡sorpresa!»,
como en una fiesta de cumpleaños
en la que estáis únicamente
tú y tu amor propio.

Sopla las velas, amor,
y disfruta de tu día.

Hielo

Una pregunta:
¿un amor de verano se puede volver de invierno?
Tengo frío.

¿Qué harías si no tuvieras miedo?

Volvería a tocar en tu puerta
aun sabiendo
que detrás de ella
nadie la abriría,
por el simple hecho de que quien vive dentro
vive sintiendo que su vida
está llena de cobardía,
por no saber elegir
ni saber dónde estar
cuando se debía estar.

Si no tuviera miedo,
te elegiría otra vez.
Sin miedo de temer,
sin miedo a saber
que te puedes marchar otra vez.

Si no tuviera miedo,
dejaría de vivir con esa duda
que me atormenta
día tras día de cómo sería volver a tocarte,
volver a sentirte
y mirarte.

Si no tuviera miedo,
me levantaría ante todo este desorden
llamado *vida*

y la viviría contigo.

Multitud

Te quiero,
pero no solo a ti.
No te quiero hacer daño,
pero me lo haces.
No le quiero hacer daño,
y se lo haces.
No te quieres hacer daño,
y te lo haces.

Contracorriente

El mar acaricia mis pies.
Los acaricia porque sabe que sufrí;
cuando chocó contra mí,
me ahogué, pero reviví,
y ahora sé nadar mejor que nunca,
a contracorriente.
Y a la vez
me susurra que qué valiente soy
por enfrentarlo.
El viento me empuja hacia él,
me anima con su voz,
la escucho y me dice que
no lo vuelva a temer.
El mar siempre nos habla,
no nos molestamos en escucharlo,
y eso
que tiene todas las respuestas.

Carta a mí misma

Te calmé,
te besé,
dormí abrazada a ti,
te di todo el amor que merecías.
Te valoré como nadie lo había hecho.
Te dije que saldríamos de esta
—y estamos en camino—
porque no hay nada mejor
que caminar al lado de alguien
que siempre nos apoya.

[Gracias a mí
por estar siempre].

Incluso sin saberlo.

Nuestro mar

Siempre fui de dar pasos de tortuga,
ya sabes, de esos pasos que
comenzaban mis dedos
por tu espalda,
recorriendo paisajes que formaban tus lunares,
y nos imaginábamos una vida llena de océanos por descubrir.

Nadar en mares nuevos,
donde tus besos me sabían a salitre
y todo era fresco…

Tan fresco como tu esencia,
que me hacía estremecer,
y es que el mar lo comparo contigo
y con tus ojos, que combinaban
a juego al ritmo de las olas,
donde cada una de ellas chocaba con tu figura
y yo solo era capaz de observar tal paisaje junto a ese mar,
que era mi mar.

Nuestro mar.

Recuerdos

Ahora es cuando valoro tu mirada,
cuando entre mil rostros pálidos
paso frío
porque ninguna es capaz de dar
el cariño único que tú das.
Ahora es cuando valoro la comodidad de tus abrazos,
cuando entre miles de ellos
no siento la conexión que sentía contigo.
Ahora es cuando valoro
tus palabras
porque las demás no me llegan
a donde me tendrían que llegar,
se quedan perdidas en algún lugar
que no sé dónde acabarán,
y las tuyas, que ya no son de ahora,
resuenan en mi corazón
porque sin duda,
a pesar de todo, sonarán ahí por toda una eternidad.

Vida

Se cree el vivo que, por respirar, valora
y, cuando llega la hora,
no se toma la vida en broma,
pone su cara seria,
no le van las inocentadas
y toma muy en serio
lo que está por venir
como si eternamente
fuera a vivir.

Yo no sé ustedes,
pero yo me tomo la vida
muy en risa,
porque va deprisa
y, quieras o no, ni te avisa.

Porque hay personas
que al final se van,
otras que llegan
sin haberlo planeado,
y es que pones el telediario
y te das cuenta
de que hay cosas
que es mejor no ver

cuando cualquier persona
hace de juez
sin saber de justicia

y después de todo
olvidan la malicia
cuando el televisor se apaga,
porque mañana es un nuevo día.

Por eso,
vivir
es una buena opción,
no solo por respirar,
sino por algo más,

y que a tu manera ser
de algún modo
hagas del mundo
algo mejor,
sin tener temor
de cualquier error
que pueda haber,
aunque tengas que encender
la tele de nuevo
y ver el telediario
mañana otra vez.

Isla llamada Gomera

Miles de nervios en forma de ramas,
el Garajonay, yo y mi alma.
El verde esperanza,
que hace que no la pierda mi corazón,
el caparazón que lleva
se desnudó en un beso,
que igual que el brezo
abrazaba cada uno de sus árboles
que la laurisilva escondía,
y aun así silba el gomero
en su paisaje tan milenario,
igual que de imaginario,
en sus adentros de algo tan extraordinario.

El camino de improvisado
ante un verso pausado
guía mis pasos
ante todo lo hablado.

Es anatomía en la naturaleza
que lleva belleza,
de esa que, aunque envejezca,
pueden pasar los años,
que los daños
los curarán una isla llamada Gomera
y un pueblo
que la ama todo el mundo
de la misma manera.

Índice